복음이란 무엇인가? 5

청년의 때에 예수를 만나라

- 솔로몬의 인생론 -

임 덕 규 지음

기독교문서선교회

기독교문서선교회(Christian Literature Crusade: 약칭 CLC)는
1941년 영국 콜체스터에서 켄 아담스에 의해 시작되었으며
국제 본부는 영국의 쉐필드에 있습니다.
국제 CLC는 59개 나라에서 180개의 본부를 두고, 약 650여 명의
선교사들이 이동도서차량 40대를 이용하여 문서 보급에 힘쓰고 있으며
이메일 주문을 통해 130여 국으로 책을 공급하고 있습니다.
한국 CLC는 청교도적 복음주의 신학과 신앙서적을 출판하는
문서선교기관으로서, 한 영혼이라도 구원되길 소망하면서
주님이 오시는 그날까지 최선을 다할 것입니다.

Find Now Your Creator in The Days of Your Youth

Written by

Duk-Kyu Im

Korean Edition
Copyright © 2013 by Christian Literature Crusade
Seoul, Korea

저자 서문

　세상 사람들은 부·명예·권력·지식·쾌락 등을 얻으면 행복할 것으로 압니다. 그러나 그런 것들을 얻자마자 허무에 빠집니다. 고(故) 이병철 삼성 회장의 임종 전 질문은 이 사실에 대한 웅변적 증거입니다. 더욱이 지상에서 최고의 부와 명예와 지식과 권력과 쾌락을 추구한 솔로몬 왕은 그 모든 것을 얻고 누려본 후에 모든 것이 헛되고 헛되다고 말하였습니다. 그래서 그는 청년의 때에 너의 창조주를 기억하라고 권고하였습니다. 곧 젊을 때에 예수님을 창조주 하나님으로 믿고 인격적으로 예수님을 만나라고 한 것입니다.

　19세기에 스코틀랜드의 호라시오 보나(Horatius Bonar, 1808-1889) 목사님이 253명의 기독교인들을 상대로 구주를 영접한 나이에 대한 설문의 결과를 다음과 같이 소개하였습니다.

20세 이하   138

20세~30세   85

30세~40세   22

40세~50세   4

50세~60세   3

60세~70세   1

70세 이상   0

우리가 청년들에게 예수님을 그리스도로 믿도록 전하는 일은 참으로 중요합니다. 빠를수록 좋은 것입니다.

대한예수교장로회(대신) 증경 총회장이신 **최헌 목사님**이란 분이 제가 속한 교단의 원로 목사님입니다. 이 최 목사님이 청년진리운동(Youth Truth Movement)을 하고 계십니다. 이 최 목사님이 청년들에게 진리운동을 한 이유를 이렇게 말했습니다.

"내가 깨달은 진리가 너무 확실하고 내가 경험하고 있으므로 후세에 전하고 싶은 욕망 때문에 내 나이 83세가 되었어도 청년진리운동 편지를 쓰고 있다. 내 몸은 늙었으나 깨달은 진리로 말미암아 청년으로 살고 있다."

"나는 하늘을 날아다니는 새같이 깨달은 진리로 말미암아 날아다니면서 천국을 누리고 있다. 청년들에게 내가 누리는 천국을 누리기를 바란다. 천국이 따로 있는 것이 아니고 깨달은 진리가 천국이다."

최 목사님의 말씀에 전적으로 공감합니다. 예수 그리스도 복음, 십자가 대속의 복음, 이 복음의 주인공 주 예수님을 청년의 때에 만나야 합니다. 지금 만나야 합니다. "보라 지금은 은혜 받을 만한 때요. 보라 지금은 구원의 날"(고후 6:2)입니다. 이 소책자를 읽는 가운데 세상의 모든 것이 헛되다는 진리의 말씀을 깨닫고 인생 모든 문제의 해답으로 이 세상에 오신 하나님의 아들 예수님을 만나 구주 그리스도로 영접하기를 기원합니다.

무엇보다도 청년의 때에 예수님을 만나 자신을 제물로 그리스도께 드리므로 성공과 승리의 인생을 살기를 주의 이름으로 축원합니다.

저자 임덕규

목 차

저자 서문 _ 5

1. 자신의 계획의 성취가 주는 만족으로 허무를 극복할 수 있는가? _ 12

2. 세상이 제시하는 가치들 _ 21
   1) 창세기를 통해서 본 모든 인간의 본래의 상태(창 3:1-8) _ 21
   2) 부 · 명예, 권력 · 지식 · 쾌락 등 _ 22

3. 전도서에 나타난 솔로몬의 인생론 _ 25
   1) 세상의 모든 것의 헛됨과 이에 대한 해답(전도서 개관) _ 25
   2) 세상이 헛되다고 말한 솔로몬은 누구인가 _ 29
   3) 인생 허무에 대한 솔로몬의 증명 _ 39
   4) 그러면 하나님의 약속은 모두 허무한 것이었는가 _ 46

4. 솔로몬의 권고는 무엇을 말하는가? _ 52
   1) 세상이 주는 모든 것이 헛됨의 의미 _ 52
   2) 솔로몬의 권고: 청년의 때에 너의 창조주를 기억하라 _ 66
   3) 예수 그리스도 안에서 계시된 삼위일체 창조주 하나님 _ 67

5. 청년의 때에 예수를 만나고 자신을 제물로 드려라 _ 71

"헛되고 헛되며 헛되고 헛되니 모든 것이 헛되도다…
너는 청년의 때에 너의 창조주를 기억하라"(전 1:2; 12:1)

청년의 때에 예수를 만나라

1. 자신의 계획의 성취가 주는 만족으로 허무를 극복할 수 있는가?

예수님은 그리스도시요 살아계신 하나님의 아들입니다. 예수님이 하나님의 아들 그리스도라는 증거로 죽은 자 가운데서 부활하셨습니다. 이 하나님의 아들의 죽음과 부활의 복음으로 우리 인생 모든 문제가 처리되고 해답을 얻습니다. 참되게 이 복음으로 깊은 뿌리를 갖고 하나님을 알고 만나기를 기원합니다.

신자가 복음으로 깊이 뿌리를 내릴 때 하나님을 만나고 허무에서 벗어날 수가 있습니다. 인간은 하나님을 만나지 않는 한 아무리 그가 성공을 하고 그가 계획한 목표를 모두 성취했다 하더라도 허무에서 벗어날 수가 없습니다.

보통 인생들은 먹고 사는 데 너무 바빠서 왜 사는지 생각도 않고 그저 날마다 열심히 일하다 보니까 인생의 허무를 깊이 인식할 겨를조차 없습니다. 또 직장이나 삶의 현장에서 생존 경쟁에 이기기 위해 뛰어 다니다 보니 그저 세월이 지나고 나이가 들게 됩니다. 그러나 세월이 흐르면서 이제 자기 존재의 의미를 바라보는 시간이 오자마자 곧 허무를 느끼게 됩니다. 이미 인생의 삶의 의미나 목적도 모르고 살아오면서 허무를 느껴 왔지만, 이제 그것들이 쌓여가다 보니까 허무가 확실한 존재로 찾아오게 되는 것입니다.

어떤 사람에게는 허무 귀신으로 찾아와서 그 사람을 허무로 시달리게 하여 자살 충동을 주고 극단의 경우에는 자살까지 하게 합니다. 그러나 대부분의 사람들은 "이렇게 사는 것이 인생이 아닌데! 내가 추구하는 것만 얻으면 만족하고 행복할 줄 알았는데!" 하면서 허무를 느끼며 살게 됩니다. 특히 자신이 귀중히 여기고 알고 살아왔던 것을 추구해서 얻은 사람의 경우에는 더욱 허무감이 큽니다.

● 꿈에 그리던 교사 자격증을 얻은 후

우리 교회에 출석하던 한 자매님이 수년 전에 고등학교 교사자격증을 얻기 위해서 3수를 해서 취득을 했습니다. 그 자매님의 소원은 고교 교사자격증을 얻는 것이었습니다. 온 힘을 다해서 그 어려운 경쟁을 뚫고 합격을 해서 감격을 누렸습니다. 그런데 교사로 임용되어서 몇 주 지난 후에(고교 교사가 되는 것이 꿈이었는데) 그 자매님께 삶이 허무하다는 생각이 찾아왔습니다. 그 고교 교사 자격증이 아무것도 아니라는 허무가 왔습니다.

그분이 저에게 그렇게 얘기했습니다. "목사님! 고교 교사가 되면 모든 것을 다 이룬 줄 알았는데 허무하네요." 고교 교사자격증을 얻기 전에는 그것으로 완전 만족하며 행복할 것으로 생각을 했는데 막상 얻고 보니까 그것도 그 자매님의 인생을 만족시키는 것이 되지 못하고 그것 자체가 허무하다는 생각을 갖게 된 것입니다.

이것이 대부분의 사람들에게 나타나는 현상입니다.

● 화려한 응원을 마치고 난 후

우리 교회에서 섬기는 선교회 동역자 가운데 과거 육사생도 시절 응원단장을 했던 집사님이 있었습니다. 지금은 그가 장군이 됐는데, 생도 시절에 그는 삼사체전 응원단장 생도로서 몇 달간 피나는 연습과 준비를 거쳐 체육대회 기간 중에 화려한 의상을 입고 삼사체전 현장에서 화려하고도 찬란하게 응원을 지도하는 응원단장을 했습니다. 삼사체전 응원단은 각 군 사관학교가 서로 응원으로서 겨루는 놀라운 질서와 일치 그리고 오색찬란한 그림들이 펼쳐지는 그 자체가 하나의 작품이었습니다. 경기장을 찾아온 일반인들에게는 운동경기 자체보다도 응원이 더 인기가 있었습니다. 아주 큰 볼거리였습니다. 이러한 응원이 삼 일간 진행되었습니다.

이삼일 동안에 동대문 운동장에서 멋지게 펼친 응원이 끝나고 그해 육사가 우승도 하면서 감격이 배(倍)가 되었었지만 삼사체전이 막을 내렸을 때 그 형제는 돌아와서 그 감격 후에 오는 허무감을 이기지 못하고 눈물을 흘리면서 갈등을 했습니다. 그에게 환희 후에 깊은 허무감이 찾아온 것입니다. 그리하여 그것을 계기로 그 형제는 그리스도께로 돌아오게 되었고, 그는 그리스도를 인격적으로 만나서 허무를 극복하고 참된 삶의 의미와 목적을 깨닫고 신실한 그리스도인이 되었습니다.

그는 지금 매우 뛰어난 그리스도의 복음의 증인으로 군, 민족, 세계를 위한 삼중 복음화의 현장에서 일꾼으로 살고 있습니다. 이러한 일은 수없이 많습니다. 제가 이러한 예들을 얘기한다면 좀 과장해서 한 보따리가 있습니다. 그래서 제가 두 가지 사례만 말했습니다.

이 세상의 모든 목표와 세속적 축복들이 그 자체를

목적으로 추구할 때 그것은 공허하고 허무하게 된다는 것을 수많은 사람들이 개인적으로 체험하는 것입니다. 하나님을 떠나 사는 모든 인간 존재는 좌절과 불안을 느끼게 마련입니다. 삶의 모든 환락과 물질은 그것 자체를 목적으로 추구할 때는 인간은 항상 불행과 허무함을 느끼게 되어 있습니다.

그러므로 오늘 본문의 하나님의 말씀인 전도서는 불신앙 가운데 있는 인간들이 추구하는 행복의 추구, 그 행복 추구의 삶, 곧 하나님 없는 삶의 허구성을 지적하고 하나님을 만나 하나님 중심의 삶, 하나님을 경외하고 섬기면서 사는 삶, 곧 신약적으로 얘기하면 예수 그리스도의 복음 중심의 삶을 살라고 권고하는 말씀입니다.

● 모든 세속적 행복을 다 추구해보았던 솔로몬의 탄식과 회개

전도서를 하나님의 영감으로 기록한 솔로몬 왕은 모든 인간들이 행복을 얻기 위해서 추구했던 세속적인 것들을 다 추구해보았던 사람이었습니다. 다 맛봤던 사람이었습니다. 그와 같은 세속적 축복을 누린 자는 솔로몬 앞에도 없었고 솔로몬 뒤에도 없었습니다. 그러나 그는 그것에서 허무를 발견했습니다.

그래서 그는 자신의 과거 어리석었던 행위와 실수를 슬퍼 한탄하면서 이 전도서를 쓰고 있는 것입니다. 그는 이 세상일에서, 심지어는 금지된 관능의 쾌락으로부터 만족을 기대하는 어리석음을 범했던 것입니다. 그러나 이제 그는 회개하는 자리에 서서 그와 같은 일들이 죽음보다 더 쓰라린 것이었음을 깨닫고 있습니다. 그의 타락은 인간성의 나약성에 대한 증거였습니다. 솔로몬은 특별한 사람이 아니라 타락한 육신의 죄악을 입고 있는 우리 모두의 대표였습니다.

그러나 그가 회개에 이르러 하나님께 나와 하나님을 다시 뵈옵고 하나님께로 돌아섰을 때 그는 과거의 그의 잘못을 근거로 해서 범죄한 인생들에게 하나님의 도, 곧 십자가의 도를 가르치기로 결정했던 것입니다.

여러분이 오늘의 말씀을 잘 듣고 깨달아서 마음에 새기고 순종하여 산다면 여러분은 하나님을 만나는 자가 될 것입니다. 하나님과 일체이신 우리 주 예수 그리스도를 만나게 될 것입니다. 하나님은 우리에게 자기 모양을 보여주시지 않습니다. 무슨 환상을 보고 하나님을 만난다는 것은 전부 가짜입니다.

● **말씀을 통해서 인생을 찾으시는 하나님**

하나님께서 우리 인생을 찾으시는 방법은 언제나 말씀의 방법입니다. 하나님의 말씀을 믿고 순종하지 못하면 하나님과 접촉하지 못합니다. 청년의 때 여러분에게 주신 말씀이 믿어지고 그리하여 말씀이 육신이 되어 이 세상에 오신 그리스도를 젊은 시절에 인격적으로 만나서 하나님과 그리스도께 여러분 자신을 제물로 바침이 되기를 기원합니다(롬 12:1).[1]

---

1) (롬 12:1, 개정) 그러므로 형제들아 내가 하나님의 모든 자비하심으로 너희를 권하노니 너희 몸을 하나님이 기뻐하시는 거룩한 산 제물로 드리라 이는 너희

하나님과 그리스도께 바침이 된 자들은 어떤 직장이나 사회에서나 성공하게 되어 있습니다. 우리 주 그리스도께서 여러분 모두에게 말씀을 참되게 깨달을 수 있는 마음을 주시기를 기원합니다. 오늘 제가 예언합니다. 여러분이 복음을 참되게 받고 내가 그리스도께 헌신하리라 딱 믿어보세요! 반드시 성공하게 되어 있습니다. 저는 비록 보잘 것 없지만 제 자신이 그 증인입니다.

가 드릴 영적 예배니라.

2. 세상이 제시하는 가치들

1) 창세기를 통해서 본 모든 인간의 본래의 상태

(창 3:1-8)[2] (첫 사람 아담과 하와의 범죄와 타락 그리고 하나님을 떠남)

인간들의 근본적인 잘못은 인간의 조상 아담과 하와의 범죄로부터 시작되었습니다. 첫 조상 아담과 하와는 먹음직도 하고 보암직도 하고 지혜롭게 할 만큼 탐스럽기도 한 것을 취하여서 하나님과 같이 되고자 하였습니다. 솔로몬의 목적은 이런 것이 다 큰 잘못이라는 것을 보여주고자 하는 것입니다.

---

2) (창 3:1-8, 개정) 그런데 뱀은 여호와 하나님이 지으신 들짐승 중에 가장 간교하니라 뱀이 여자에게 물어 이르되 하나님이 참으로 너희에게 동산 모든 나무의 열매를 먹지 말라 하시더냐 여자가 뱀에게 말하되 동산 나무의 열매를 우리가 먹을 수 있으나 동산 중앙에 있는 나무의 열매는 하나님의 말씀에 너희는 먹지도 말고 만지지도 말라 너희가 죽을까 하노라 하셨느니라 뱀이 여자에게 이르되 너희가 결코 죽지 아니하리라 너희가 그것을 먹는 날에는 너희 눈이 밝아져 하나님과 같이 되어 선악을 알 줄 하나님이 아심이니라 여자가 그 나무를 본즉 먹음직도 하고 보암직도 하고 지혜롭게 할 만큼 탐스럽기도 한 나무인지라 여자가 그 열매를 따먹고 자기와 함께 있는 남편에게도 주매 그도 먹은지라 이에 그들의 눈이 밝아져 자기들이 벗은 줄을 알고 무화과나무 잎을 엮어 치마로 삼았더라 그들이 그 날 바람이 불 때 동산에 거니시는 여호와 하나님의 소리를 듣고 아담과 그의 아내가 여호와 하나님의 낯을 피하여 동산 나무 사이에 숨은지라.

즉 우리의 행복이 우리 스스로가 하나님과 같이 되고 우리가 원하는 것을 모두 소유하고 우리가 원하는 것을 행할 수 있게 됨으로서 보장되는 것이 아니라 우리를 창조하신 분을 우리의 하나님으로 모시는데 행복이 있다는 것을 보여주는 것입니다. 내가 하나님이 되어서 모든 것을 다 소유하면 행복한 것 같은데 그렇지 않다는 말입니다.

2) 부 · 명예, 권력 · 지식 · 쾌락 등

그러나 세상은 이 메시지에 귀를 기울이지 않습니다. 여전히 부와 명예와 권력과 지식과 육체적 쾌락 등이 최고의 우상이고 추구의 목표입니다.

● 이건희 회장 일가의 민사소송 사건

최근 대중매체에 자주 등장하고 있는 우리나라 최고

의 부자 이건희 삼성 회장의 민사소송 사건은 사람들이 행복을 위해 절대 필요한 것으로 꼽는 큰 부와 많은 자산의 소유가 얼마나 헛된가를 보여줍니다. 얼마 전에 고 이병철 회장이 차명으로 남긴 1조가 넘는 주식의 상속권을 놓고 이건희 삼성 회장과 이건희 회장의 형과 누나인 이맹희, 이숙희 씨 등이 벌이는 삼성가 상속 소송이 본격적으로 시작이 됐습니다.

이미 좀 오래전에 시작이 됐지만, 본격적으로 양쪽 변호사들이 그들에게 속한 편을 대변해서 싸우고 있습니다. 언제 종료될지 모릅니다. 큰 부와 많은 자산의 소유가 가족 간의 우애와 행복을 가져다주지 못하고 도리어 불화와 시기와 분쟁으로 가게 된다는 것을 보여주는 좋은 예 중의 하나입니다.

● **참된 행복의 근원**

수년 전에 우리 교회 성도로 소천하신 어느 집사님

의 모든 장례식을 마친 다음에 맨 마지막에 제가 그 가정을 방문해서 위로 예배를 드린 적이 있습니다. 그 때 제가 소천하신 집사님 두 자녀 남매에게 이런 위로의 말을 한 적이 있습니다.

   소천하신 집사님은 그의 자녀인 남매들에게 남겨줄 유산이 한 푼도 없었습니다. 오히려 부채만 있었습니다. 그래서 제가 위로의 말을 이렇게 했습니다. "만일 여러분의 부친께서 수많은 자산을 유산으로 남기고 가셨다면 혹시 그것을 분할할 때 남매간의 분쟁과 다툼, 시기 등의 사건이 생겼을지 모른다. 그러나 남긴 유산이 없기 때문에 여러분 남매는 서로 다툴 것도 없고 시기할 것도 없다. 서로 사랑하고 아껴주고 도와주는 남매가 될 수 있어 감사하라." 그렇게 제가 얘기하면서 "복음 속에 들어와서 참된 사랑을 하고 살아가라." 이렇게 말씀을 하면서 "바로 복음 속에 행복이 있다." 그런 메시지를 전한 기억이 납니다.

3. 전도서에 나타난 솔로몬의 인생론

1) 세상의 모든 것의 헛됨과 이에 대한 해답(전도서 개관)

오늘 우리가 보는 성경본문은 제가 전하는 메시지보다 더 하나님의 영감(inspiration)을 받아서 기록한 솔로몬의 전도서, 솔로몬의 인생론이라고 볼 수가 있는데, 그의 인생론에서 인생의 진정한 행복 문제를 확실하게 정리해서 제시한 말씀을 우리가 보겠습니다.

● **솔로몬이 전도서 1:1-3에서 말하는 세상 모든 것의 헛됨**
  (헛되고 헛되며 헛되고 헛되니… 4중적으로 헛되다.)

솔로몬은 오실 예수 그리스도의 모형으로서 그리스도를 대신하여 오늘 예수님의 영의 감동으로 본문 말씀을 이렇게 말하고 있습니다. 전도서 1:1~3말씀입니다. "다윗의 아들 예루살렘 왕 전도자의 말씀이라 전도자가 이르되 헛되고 헛되며 헛되고 헛되니 모든 것이 헛되도다 해 아래에서 수고하는 모든 수고가 사람에게 무엇이 유익한가" 그렇게 말합니다.

전도자 솔로몬 왕이 먼저 말하고자 하는 것은 무엇입니까? 솔로몬의 목적은 우리가 진정한 신앙을 가지도록 만들고 이 세상 것들에 대한 우리의 동정이나 기대를 무너뜨린 것입니다. "여러분이 지금 생각하고 있는 부나 명예나 권력이나 지식이나 쾌락 등과 여러분의 육신적 야망이 여러분의 마음을 사로잡고 있다면 그것을 그리스도의 십자가 앞에 내려놓으라!" 그것들은 모두 다 헛된 것들입니다. 그리스도로 채우라는 말입니다. 모든 것들은 헛되니 그리스도로 여러분을 채워야 합니다. 그리스도를 믿고 그의 전도의 명령대로 사는 것이 인간에게 있어서 전부라고 말하는 것입니다.

● 솔로몬이 전도서 12:13에서 말하는 세상 모든 헛된 것에 대한 해답

솔로몬은 전도서에서 이 문제를 확실하게 매듭을 지어서 제시합니다. 그것은 전도서 12:13에서 "하나님을 경외하고 그의 계명들을 지키는 것이 인간의 본분이다"는 말입니다. 솔로몬은 세상의 부와 육체적 쾌락들 속에서 어떤 만족을 얻을 수 있었는지 모두 시험해보았으며, 그 결과 "그런 모든 것이 헛되고 헛되며 행복을 가져다주는 것이 아니다" 그렇게 선언을 했습니다.

그렇지만 오늘날 많은 사람들은 솔로몬의 말을 믿지 않고 동일한 위태로운 실험을 하려고 하고 있습니다. 물론 그 결과는 그들에게 언제나 치명상을 입는 것이 됩니다. 틀림없습니다. 여러분은 절대 그런 위태로운 실험을 하려고 하면 안 됩니다. 돈 벌려고 갖은 노력을 다한 결과는 치명상을 입고 심각한 허무감으로 떨어지는 것이 됩니다. 솔로몬의 말처럼 하나님을 경외하고 그의 명령을 지키는 것이 인간의 본분입니다.

● 하나님 경외의 구체적인 방식은 예수님을 그리스도로 믿는 믿음이다

인간의 본분이라는 말을 다른 표현으로 얘기하면, 인간에게 있어서 전부가 되는 것을 말합니다. 신약적으로 표현을 하면 예수님을 그리스도로 믿고 예수님의 지상명령을 따라서 전도자로 사는 것이 인간에게 있어서 전부입니다. 그리스도는 전부이며 그리스도 안에 모든 것 다 있습니다(골 2:3, 9).[3] 그리스도 안에 여러분의 건강, 가족, 직장, 산업, 학업 여러분의 미래가 그리스도 안에 있습니다. 그리스도는 우리 인생들의 모든 것입니다.

여러분의 귀는 이 메시지를 듣기 위해서 존재합니다. 여러분의 귀가 왜 있습니까? 돈 많이 버는 소리에 귀를 기울이라고 하는 것이 아니라 하나님의 말씀, "그리스도가 전부다 그리스도 안에 모든 것 다 있다" 이 메

---

3) (골 2:3, 9, 개정) 그 안에는 지혜와 지식의 모든 보화가 감추어져 있느니라 그 안에는 신성의 모든 충만이 육체로 거하시고.

시지를 듣기 위해서 여러분의 귀가 있는 것이고 이 말씀을 들을 때 귀가 참된 청력의 가치를 갖는 것입니다. 다른 것을 듣는 것은 가치가 없습니다. 그래서 "귀 있는 자는 들으라" 우리 주님이 말씀했습니다.

2) 세상이 헛되다고 말한 그 솔로몬은 누구인가?

솔로몬은 오늘 본문에서 먼저 세상 것들의 헛된 것을 선언하고 그것을 증명하고자 합니다. 2절을 다시 보면 "전도자가 이르되 헛되고 헛되며 헛되고 헛되니 모든 것이 헛되도다"라고 말합니다. 세상 것들은 모든 것이 헛되다는 것입니다. 이 메시지가 솔로몬이 증명하고자 하는 명제입니다. "헛되고 헛되니 모든 것이 헛되도다" 이 진리는 하나님과 그리스도 외에 모든 것은 헛되다는 것입니다.

다시 말하면 이 세상의 모든 것, 세상의 모든 일들과 향락, 이 세상에 있는 모든 것, 우리의 감각이나 허황된 생각을 즐겁게 해주는 모든 것, 우리 자신에게 즐거움과 좋은 평판을 가져다주는 모든 것이 다 헛되다 하는 것입니다. 이 모든 것은 인간의 죄악으로 인해서 악용되고 남용될 때뿐만 아니라 정상적으로 사용될 때조차도 헛되다는 것입니다. 뒷부분이 중요합니다. 이런 제반사와 관련하여 생각할 때 인간 전체도 헛되다는 것입니다.

● 인생 자체도 허무하다

시편 39:5~6에 보면 "주께서 나의 날을 한 뼘 길이만큼 되게 하시매 나의 일생이 주 앞에는 없는 것 같사오니 사람은 그가 든든히 서 있는 때에도 진실로 모두가 허사 뿐이니이다 진실로 각 사람은 그림자 같이 다니고 헛된 일로 소란하며 재물을 쌓으나 누가 거둘는지 알지 못하나이다" 이 말씀이 바로 인간 자체의 헛됨을 증명하는 말씀입니다.

여러분! 여러분 존재 자체도 헛되다고 할 때에 어떻게 생각합니까? 이것은 허무주의가 아닙니다. 타락한 인간의 실상을 말하는 하나님의 진리의 말씀입니다. 하나님께 반역해서 하나님을 떠난 인간들, 하나님 없는 인간은 그 자체가 허무입니다. 만약 현재 생 이후에 또 다른 생이 없다고 하면 인간의 창조는 허무하게 창조된 것입니다. 여러분 죽음 이후에 부활의 생명과 영광이 없다고 그러면 헛된 것입니다.

그래서 시편 기자는 또 이렇게 말했습니다. "나의 때가 얼마나 짧은지 기억하소서 주께서 모든 사람을 어찌 그리 허무하게 창조하셨는지요" 시편 89:47의 말씀입니다. 만물이 그 자체로는 무엇이 되었든지 간에 하나님 없는 삶 속에서는 모든 것이 헛된 것입니다. 이런 것들은 인간의 본질인 영혼과 관계없는 낯선 것들이고 영혼에 대해서 무엇하나 보태주지 못하는 것들입니다. 여러분 인간의 본질이 어디 있습니까? 영혼에 있습니다. 세상 것들은 인간의 삶의 목적에 부합하여 해답을 줄 수 없고 또 진정한 만족도 주지 못합니다.

이 세상 것들은 그 존재 자체가 불확실하고 시들어 버리며 사라져 가고 있는 것들입니다. 그런 것들을 의지하는 자들은 반드시 속을 것이고 실망하게 되어 있습니다. 그러므로 우리는 헛된 것들을 사랑하지 말고 우리의 생각과 마음을 그런 헛된 것들에 두지 말아야 한다는 것입니다. 그런 헛된 것들은 우리의 힘과 정력을 소진시키고 피곤하게 하며 마지막에는 치명상을 입게 만듭니다.

그래서 솔로몬은 본문에서 모든 것이 헛되다는 것을 매우 강조하고 있습니다. 다시 들어보세요. "헛되고 헛되며 헛되고 헛되니 모든 것이 헛되도다"라고 말합니다. 본문에서 솔로몬은 모든 것이 헛되다고 말할 뿐만 아니라 마치 헛된 것이 이 세상 것들이 본질적으로 지니고 있는 속성이나 되는 것처럼 4중적으로 헛되다고 말합니다. "헛되고 헛되며 헛되고 헛되니" 그렇게 반복해서 모든 것이 헛되다는 것을 매우 강조하고 있습니다.

이 세상 것들은 헛된 것일 뿐만 아니라 헛된 것들 중에서 헛된 것이요, 가장 헛된 것이고 온통 헛된 것이고 온통 헛된 것의 원인되는 그런 것들이 전부 헛된 것이라는 그런 말입니다. 헛된 것이 서로 간에 순환하면서 모든 것이 헛되다는 그런 말입니다.

● 세상은 헛되다는 진리를 깊이 생각하기 싫어한다

솔로몬이 이렇게 헛되고 헛되다고 반복적으로 표현한 것은 그것이 논란의 여지없이 확실하기 때문입니다. 이것은 전도자 솔로몬이 이 진리를 그의 마음으로 온전히 깨달았고, 또 이 진리가 그의 마음속에 깊이 새겨져 있다는 것이고, 또 다른 사람들도 자기처럼 이 진리를 깨닫고 깊이 새기기를 원하지만 사람들은 이 진리를 믿기를 원하지 않고 이 소리를 듣기도 싫어한다는 것을 알았습니다. 솔로몬은 대부분의 사람들이 자기가 말한 헛되다는 이 진리를 믿고자 아니하면서 생각해보기조차 싫어한다는 것을 알았습니다.

욥기 33:14에 보면 "하나님은 한 번 말씀하시고 다시 말씀하시되 사람은 관심이 없도다" 그럽니다. 이 말은 우리가 이 세상이 헛되다는 것을 제대로 이해하지 못하고 있거나 또 이해하기를 원하지 않고 또 이해할 수도 없다는 것을 보여줍니다.

신구약 성경을 모두 주석한 분이 한국에 두 분이 계시는데, 그중 한 분이 박윤선 목사님이고 또 한 분이 이상근 목사님입니다. 이상근 목사님이 임종 전에 병원에 입원해서 일 년간 있었는데 그의 아들이 한국에서 큰 교회 목사님입니다. 그분이 병간호를 했습니다.

그런데 이상근 목사님이 믿음도 탁월하고 뛰어난 분이기 때문에 같이 있으면 꿈을 꾼 다음에 자기 아들과 얘기 했습니다. "얘! 내가 천국 가서 루터도 만나고 여러 사람 만났다" 그런데 "칼빈은 안 만났습니까?" "칼빈은 안 만났는데" "아니 장로교 목사님이 칼빈을 못 만났습니까?" 그렇게 얘기하면 "예수님은 안 만났습니까?" "아니 예수님은 못 만났다", "그러면 천국 안가고 딴 데 간 것 아닙니까?" 이렇게 농담을 하는 중에 아들이 묻기를, 천국을 그렇게 사랑하니까 "아버지 천국이 좋으면 지금 천국 가고 싶습니까?" 제가 말하고자 하는 것이 바로 이 질문에 대한 답변입니다. 그분이 뭐라고 하느냐? "아니다. 조금 더 있다 가련다" 제가 이 얘기를 가끔 했습니다. 그러니 이 세상이 그렇게 매력적인 것입니다.

● 다윗의 아들 예루살렘 왕 전도자의 말씀이라

그런데 그 매력적인 세상이 "허무하다" 이렇게 말한다면 이렇게 세상을 무시하면서 말하는 자가 "누구입니까?" 세상이 헛되고 헛되다고 자기가 말하는 것을 이

토록 확고한 자신감을 나타내면서 말하는 자가 누구냐는 것입니다. 그는 그 질문에 자기 이름을 밝히고 있습니다. "다윗의 아들 예루살렘 왕 전도자의 말씀이라" 그렇게 전도서 1:1에서 밝힙니다. 그렇다면 그는 그런 말을 할 자격이 있는 자입니까? 그는 자격이라는 측면에서 그 누구에게도 뒤지지 않는 자입니다.

많은 사람들이 가끔 이 세상에 대해서 멸시하면서 얘기합니다. 그런 사람들은 자기가 세상을 싫어해서 숨어 사는 은둔자이기 때문에 그렇게 세상을 멸시할 수 있습니다. 은둔자들은 은둔을 했으니 맛보지도 못하고, 또 어떤 사람들은 자기가 세상에서 가진 것이 아무것도 없기 때문에, 다시 말하면 빈털털이이기 때문에 세상을 멸시하는 말을 할 수 있습니다. 이런 은둔자들은 세상이 헛되다는 것을 제대로 아는 것이 아닙니다.

● 솔로몬이 갖춘 자격(자연세계 이해와 왕과 선지자의 권위)

그러나 솔로몬은 그 진리를 정확하게 알고 있었습니다. 솔로몬은 자연세계에 관하여 깊이 탐구를 해서 그 누구보다 더 자연세계에 관하여 잘 알고 있었습니다. 열왕기상 4:33을 보면 솔로몬은 "그가 또 초목에 대하여 말하되 레바논의 백향목으로부터 담에 나는 우슬초까지 하고 그가 또 짐승과 새와 기어다니는 것과 물고기에 대하여 말한지라" 그렇습니다. 솔로몬의 머리에는 자연세계에 관한 지식으로 가득하였던 것입니다. 또한 그의 속은 감추어진 보화들로 가득한 사람이었습니다. 그런 그가 세상의 것들에 대하여 헛되고 헛되다는 판결을 내리고 있는 것입니다.

한편 솔로몬은 이 진리를 잘 알고 있었을 뿐만 아니라 그렇게 말할 수 있는 권위도 가지고 있었습니다. 솔로몬은 왕의 권위뿐만 아니라 선지자의 권위도 가지고 있었습니다. 또 전도자의 권위를 가지고 있었습니다.

그래서 그는 "전도자의 말씀이다" 그렇게 말한 것입니다. 그러므로 솔로몬은 하나님의 이름으로, 그리스도의 이름으로 이런 말을 하였고, 이 말씀을 전하기 위해서 성령의 감동을 받은 자였습니다.

그러나 솔로몬은 성령의 감동을 받았기 때문에 일시적으로 흥분해서 즉시 이 진리를 말을 한 것인가? 혹은 자기가 하는 일에 어떠한 큰 실망을 당하고 나서 이런 말을 한 것인가? 물론 아닙니다.

솔로몬은 모든 것을 다 완벽하게 맛보았을 뿐만 아니라 또한 그런 결과에 대해서 깊이 숙고했습니다. 단순히 말만 한 것이 아니라 증명까지 하였으며 그것을 하나의 원리로 제시하면서 인간들은 오직 여호와 경외의 신앙, 다시 말하면 오직 그리스도에 대한 신앙을 가져야 할 이유가 거기 있다는 것을 말하고 있는 것입니다. 솔로몬은 그 자신이 하나님을 멀리했을 때 얻은 그의 경험에 대한 증거를 가지고 성령의 감동을 따라서 세상 것들의 허무성을 하나하나 논증하였습니다.

3) 인생 허무에 대한 솔로몬의 증명

● **지혜로 시험**(전 1:18)

솔로몬은 전도서 1~7장까지 인생의 허무성에 대해서 논증합니다. 솔로몬은 "인생은 참으로 살 가치가 있는 것인가?" 이런 질문을 깊이 시험했습니다. 이 문제에 대하여 솔로몬보다 더 명확하게 말할 사람은 없을 것입니다.

그는 먼저 지혜로 시작해 보았습니다. 솔로몬은 이 세상에서 어느 누구보다 더 하나님으로부터 지혜를 받은 자였습니다. 그래서 그는 이 세상에서 알아야 할 일들을 모두 알고 있었습니다. 그런데 뭐라고 얘기하느냐? "나는 지혜를 얻기 위해 온 마음을 기울였다"라고 말합니다. 그러나 결국 그는 "헛되고 헛되다"고 외칠 뿐이었습니다. 그리고 지혜가 많으면 번뇌도 많으며 지식을 더하는 자는 근심을 더한다고 말했습니다. "지혜가 많으면 번뇌도 많으니 지식을 더하는 자는 근심을 더하느니라" 전도서 1:18에서 그렇게 말했습니다. 그러니까 지혜와 지식이 헛되다는 것입니다.

● **향락으로 시험**(전 2:1): **음악, 춤, 술과 유혹 등으로**

또 솔로몬은 향락으로 시험해 보았습니다. 사람들은 향락이야말로 인생이 추구할 가치가 있을 것이라고 생각을 합니다. 그러나 전도서 2:1에서 "나는 내 마음에 이르기를 자, 내가 시험 삼아 너를 즐겁게 하리니 너는 낙을 누리라 하였으나 보라 이것도 헛되도다" 그랬습니다. 이것은 솔로몬이 말한 한결같은 결론입니다. 솔로몬은 음악이라든가 춤이라든가 술과 유혹, 이런 것을 다 시험해봤습니다.

궁전에는 별별 사람들이 다 있었습니다. 익살부리는 어릿광대들도 등장했고 궁전 구석구석 웃음과 여흥의 소리가 높았습니다. 그러나 얼마 되지 않아서 그 모든 것들은 왕의 비위를 거슬렀고 왕은 웃음을 "미친 것이다. 희락은 아무 것도 아닌 것이다" 그렇게 간주했습니다. 물론 하나님은 인생에게 즐거운 삶을 주셨습니다. 그러나 즐거움과 향락만을 목적으로 사는 자는 곧 이어서 허무에 시달리지 않을 수가 없습니다.

● **일로 시험**(전 2:4-5)[4]: **건축, 포도원, 동산 등으로**

또 솔로몬은 일을 열심히 하고 정원을 가꾸고 건축하는 일로 시험해보자고 합니다. 그는 집도 지어봤고 포도원도 일구며 동산과 과원을 만들고 각종 과목을 심었습니다. 그런 일로 바쁘게 지냈습니다. 그러나 그것들도 끝나고 나면 열정은 사라지고 헛된 것이었습니다. 마치 어린 아이가 새로운 장난감을 가졌을 때 같이 잠시 동안 좋아했다가 버리는 것과 마찬가지입니다.

---
4) (전 2:4-5, 개정) 나의 사업을 크게 하였노라 내가 나를 위하여 집들을 짓고 포도원을 일구며 여러 동산과 과원을 만들고 그 가운데에 각종 과목을 심었으며.

● **목축과 보물수집으로 시험**(전 2:11)

또 솔로몬은 목축과 보물수집으로 시험해보라고 그렇게 얘기합니다. 솔로몬은 소와 양떼를 먹이고 여러 모양의 보배로운 공예품들을 수집하고 노래하는 남녀들을 두었습니다. 그러나 그런 것들도 그가 바라는 끝없는 행복을 위해서는 아무런 힘도 없는 무력한 것이었습니다. "그 후에 내가 생각해 본즉 내 손으로 한 모든 일과 내가 수고한 모든 것이 다 헛되어 바람을 잡는 것이며 해 아래에서 무익한 것이로다" 전도서 2:11에서 그렇게 말했습니다.

● **여러 가지 생활로 시험**(전 3:9)

또 솔로몬은 여러 가지 생활로 돌아가며 시험해보라고 했습니다. 심고 심은 것은 뽑고, 울고 웃으며 슬퍼하고 춤추고 찾고 잊고 찢고 깨고 사랑하고 전쟁하고 평화로운 생활을 하고 여러 가지 생활을 한번 해보라고 했습니다. 이렇게 일을 다 해보라고 했습니다. 그러나 "일하는 자가 그의 수고로 말미암아 무슨 이익이 있으랴" 그렇게 전도서 3:9에서 허무성을 논합니다.

● **종교의식으로 시험**(전 5:4)

그러면 이제는 철학으로 한 번 시험해보라고 합니다. 그러나 이것도 말할 것도 없이 헛된 것이었습니다. 그래서 그는 "이것도 헛되어 바람을 잡는 것이로다"라고 말합니다. 다음으로 종교의식으로 시험해보라고 합니다. 전도서 5:4에 보면 "네가 하나님께 서원하였거든 갚기를 더디게 하지 말라 하나님은 우매한 자들을 기뻐하지 아니하시나니 서원한 것을 갚으라 네가 하나님께 서원하였거든 갚기를 더디게 하지 말라 하나님은 우매한 자들을 기뻐하지 아니하시나니 서원한 것을 갚으라"고 말하며 하나님께 서원한 것들, 종교의식적으로 생각해 보라고 합니다. 그러나 이런 것들 역시 헛되다는 것이었습니다.

● **부로 시험**(전 6:2)

또 솔로몬은 6장에서 부로 시험해보라고 합니다. 솔로몬은 누구보다 부를 많이 가졌던 사람입니다. 그는 하나님께서 부를 풍성히 준 사람이었습니다. 그러나 그 부가 그에게 무슨 소용이 있었습니까? 전도서 6:2에서 이렇게 말합니다. "어떤 사람은 그의 영혼이 바라는 모든 소원에 부족함이 없어 재물과 부요와 존귀를 하나님께 받았으나 하나님께서 그가 그것을 누리도록 허락하지 아니하셨으므로 다른 사람이 누리나니 이것도 헛되어 악한 병이로다"라고 말했습니다. 세상에 상당수 사람들이 향락은 헛된 것이라는 점에서는 솔로몬에게 동의합니다. 그러나 돈을 인생의 으뜸가는 목표라고 생각하는 사람들은 솔로몬의 부에 대한 허무성에 동의하지 않을 것입니다. 특히 우리나라 사람들은 전부 반대할 것입니다.

2010년 2월에 로이터 통신에서 여론조사 기관을 통해서 세계 23개국 2만 4천 명을 대상으로 질문을 했습니다. "당신은 돈을 인생에서 최고의 성공의 징표로 생각하십니까?" 이 질문에 한국과 중국의 응답자 중 69%가 동의했습니다. 반면 서구 사람들은 35~6%가 응답했습니다.

그러므로 동양에서 우리 한국 사람이 가장 돈을 좋아하고 돈 많이 벌면 성공했다고 말합니다. 여러분 중에 그런 사람이 있죠? 다 그렇지 않아요? 돈 많이 벌었으니까 성공했다고 말합니다. 그런데 솔로몬은 그렇지 않습니다. 그런데 사람들이 이 얘기를 듣지 않습니다. 신약성경에서 사도 바울도 "부하려 하는 자들은 시험과 올무와 여러 가지 어리석고 해로운 욕심에 떨어지나니 곧 사람으로 파멸과 멸망에 빠지게 하는 것이라" 그렇게 디모데전서 6:9에서 말하고 있습니다. 그러니까 솔로몬은 "내가 부를 많이 누려봤지만 헛된 것이다"라고 결론을 말한 것입니다.

● **명예로 시험**(전 7:1)

끝으로 솔로몬은 명예도 한 번 시험해보라 말하면서 그 결론으로 전도서 7:1에서 "좋은 이름이 좋은 기름보다 낫고 죽는 날이 출생하는 날보다 나으며" 그렇게 말했습니다. 그러나 사람의 명예는 세상에서 오래가는 것이 아니라 사람이 죽으면 곧 잊히게 마련인 것입니다. 이것도 헛된 것입니다. 이렇게 솔로몬은 심사숙고하면서 이 세상 모든 것이 헛되고 헛되다는 것을 증명했습니다.

4) 그러면 하나님의 약속은 결국 허무한 것이었는가

● **아니다!**(그것은 내세에 속한 것이다. 그리스도 왕국의 임하심이며 그리스도 왕국이 실체다)

그러면 우리는 의문을 가질 수가 있습니다. 하나님께서 나단 선지자를 통해 다윗과 그의 자손들에게 약속하신 영원한 왕위와 그 왕국은 결국 허무한 것이었느냐?(삼하 7:12-14)[5] 하나님은 이런 허무한 것들을 영원한 보좌와 왕국으로 약속하셨느냐? 아닙니다. 하나님께서 나단 선지자를 통해서 다윗과 그의 자손들에게 약속하신 영원한 보좌와 왕국은 이 세상에 속한 것이 아니고 다른 세상에 속한 것이었습니다. 다시 말하면 내세에 속하였습니다.

왜냐하면 이 세상의 모든 것들이 헛된 것이라고 그러면 하나님의 그 약속은 이 세상에서 제대로 이루어질 수 없기 때문입니다. 솔로몬의 말대로 모든 것이 헛되고 헛되다면 하나님의 약속대로 우리가 기업을 받기 위해서는 메시아의 나라, 그리스도의 왕국이 임하지 않으면 안 되는 것입니다. 허무한 이 세상에 들어온 하나님의 나라, 곧 메시아의 나라요 그리스도의 왕국만

---

[5] (삼하 7:12-14, 개정) 네 수한이 차서 네 조상들과 함께 누울 때에 내가 네 몸에서 날 네 씨를 네 뒤에 세워 그의 나라를 견고하게 하리라 그는 내 이름을 위하여 집을 건축할 것이요 나는 그의 나라 왕위를 영원히 견고하게 하리라 나는 그에게 아버지가 되고 그는 내게 아들이 되리니 그가 만일 죄를 범하면 내가 사람의 매와 인생의 채찍으로 징계하려니와.

이 영원한 가치가 있고 허무를 정복하는 참 실체가 되는 것입니다.

● 유명애 관장의 간증

제가 가끔 인용하는 유명애 진흥아트홀 관장 간증을 다시 한 번 소개합니다. 이분은 외관상으로 성공했음에도 허무감을 깊이 느끼고 허무에 시달리며 살아왔습니다. 유명애 관장은 4대째 기독교인 가정에 태어난 외관상으로 성공적인 삶을 살았고 20여년 이상 교회 권사로서 살고 또 화가로서 이름을 가진 사람이었습니다.

그런데 그가 교회 생활에 부담이 왔습니다. 또 화가로서의 삶에도 만족이 없었고, 가정에서도 시부모님을 모시는 것부터 시작해서 여러 가지 생활에 지쳤습니다. 그는 모든 것을 끊어버리고 도망가고 싶었습니다. 외관상으로는 훌륭한 그리스도인이고 성공한 사람으로 다른 사람이 인정을 했는데 그는 삶의 허무를 느끼고 뼈 속까지 들어온 허무에 시달렸습니다. 죽고 싶었는데, 어렸을 때 자살하면 지옥 간다고 배웠기 때문에 자살은 못하고 고통을 느끼며 살아갔습니다.

그분이 어느 날 봄에 북한산으로 그림을 그리러 갔습니다. 봄 소나기가 한차례 지나간 이른 봄이었는데 계곡의 고인 맑은 물에서 빠르게 움직이는 작은 송사리 때가 뿜어내는 생명의 힘을 봤습니다. 딱 들여다보니까 둘러본 계곡의 바위들도 합창을 하고 있었습니다.

그런데 마음속에 하나님의 말씀이 들어왔습니다. "참새 두 마리가 한 앗사리온에 팔리지 않느냐 그러나 너희 아버지께서 허락하지 아니하시면 그 하나도 땅에 떨어지지 아니하리라" 마태복음 10:29의 말씀이었습니다. 어렸을 때부터 들어왔던 말씀들이 머릿속으로 획획 지나갔습니다.

그런데 갑자기 이런 생각이 들었습니다. 저 작은 송

사리도 살아 있음을 저토록 기뻐하는데 이 커다란 생명 덩어리인 내가 생명을 기뻐하지 못하는 것이 부끄러워졌습니다. 다음 순간에 그는 그를 구원하시려고 십자가에서 대속의 제물로 대가를 치르신 하나님의 아들 우리 주 그리스도의 뜨거운 사랑이 사무쳐왔습니다. 그 사랑 앞에 대속의 공로를 배신하고 있었던 자기 죄가 아프게 깨달아졌습니다.

그와 동시에 그를 붙잡고 있었던 허무가 바로 자기 빈 집에 다시 찾아 들어온 귀신이었음을 깨달았습니다. 새롭게 참되게 주님의 사랑을 깨닫고 주님을 마음 중심에 모신 이후로부터 3년 동안 그는 목마른 사슴이 물을 찾아 헤매듯 성경을 읽었습니다. 그리고 성경 말씀대로 "그 배에서 생수의 강이 흘러나오리라"(요 7:38)[6]는 주님의 말씀을 그대로 확증했습니다.

그러니까 이분이 메시아의 왕국, 그리스도 앞에 딱

---

[6] (요 7:38, 개정) 나를 믿는 자는 성경에 이름과 같이 그 배에서 생수의 강이 흘러나오리라 하시니.

들어오니까 허무로부터 벗어날 수 있었다는 것입니다. 세상 것은 모두 헛된 것입니다. 메시아의 왕국, 그리스도의 왕국, 하나님 나라가 임하지 않으면 언제나 이 세상의 모든 것은 헛되고 헛된 것들입니다. 취생몽사 상태가 아니라 바른 정신을 갖고 사는 자라면 인생의 허무를 고백하지 않을 수가 없습니다. 왜 사람들은 허무를 못 느끼느냐? 술에 취해 자빠져 있기 때문에 모릅니다. 맨 정신이 아니고 자빠져가지고 지금 정신이 돌아버렸습니다. 돌아버렸기 때문에 모릅니다. 이 세상의 것들은 우리를 행복하게 해줄 수도 없다는 것을 알아야 합니다.

4. 솔로몬의 권고는 무엇을 말하는가?

1) 세상이 주는 모든 것이 헛됨의 의미

● **양심에 호소: 세상의 모든 것은 헛된 것**(전 1:3)

솔로몬은 이것을 보여주기 위해서 이제는 사람들의 양심에 호소합니다. 오늘 본문 전도서 1:3에서 이렇게 말합니다. "해 아래에서 수고하는 모든 수고가 사람에게 무엇이 유익한가"라고 말합니다. 이 세상에서 하는 일이란 수고입니다. 여러분 수고 많이 하지요? 이 수고라는 단어는 염려하고 고생하는 것을 말합니다. 그래서 세상의 일은 사람들을 지치게 합니다. 피곤하게 합니다. 세상의 일 속에서는 언제든지 피곤함이 있습니다. 그것은 해 아래에서 수고하는 것입니다. 솔로몬이 여기서 특히 강조하면서 "해 아래에서 수고하는 모든 수고가 다 수고"라고 하는 말이 무려 전도서에서 28번

이나 나옵니다.

● 해 아래에서 수고의 유익은 없다

솔로몬이 해 아래에서 수고라고 했을 때 그는 해 아래라는 말을 하는 것을 보니까 해 위에도 세상이 있음을 인식한 것입니다. 해 위에 있는 세상에서는 하나님과 그리스도의 영광이 그곳을 두루 비춰주는 빛이 있기 때문에 해가 필요가 없고 거기는 무익하게 수고하는 일도 없고 유익한 일만 있는 것입니다. 마치 천사들의 일과 같고 기쁨과 자원함으로 하나님의 은혜의 빛 속에서 섬기는 일입니다. 이런 일은 하나님의 끊임없는 에너지와 노력 속에서 일하고 섬김으로 언제든지 에너지의 고갈이 없고 풍성한 은혜와 에너지의 공급은 언제나 새롭고 날이 갈수록 새로워집니다. 여러분 천국에 가면 어떻다고 생각합니까? 오늘도 새로운데 내일은 더욱 새롭고 모레는 더더욱 새롭고 그 다음 날은 더더욱, 더

더욱 새로워지는 것입니다. 이것이 천국의 실상인 것입니다.

반면에 해 아래에서 수고는 인간의 타락으로 인해서 피조세계는 저주를 받아서 원래 창조 상태에서 벗어났기 때문에 항상 질서도가 파괴되고 무질서도, 이건 소위 엔트로피라고 합니다. 무질서도가 증가하는 현상을 나타내고 있습니다. 그래서 시간이 갈수록 가용 에너지는 계속 줄어들어 갑니다. 이것을 공학적으로 얘기하면 엔트로피 증가의 법칙, 또 과학용어로 얘기하면 열역학 제2법칙[7]이라고 하는데 신학적 의미에서는 타락입니다.

모든 생물체는 생명을 유지하고 활동하기 위해서는

---

7) 열역학 제2법칙은 "우주의 엔트로피(Entropy, 무질서도)는 자발적으로 증가한다"는 과학의 기초를 이루는 증명이 필요 없는 그 자체가 진리인 공리(公理, axiom)입니다. 예를 들어 물은 높은 곳에서 낮은 곳으로 흐르는 것은 자발성에 기인하지만 그 반대로 낮은 곳의 물을 높은 곳으로 보내는 데는 반드시 비자발성인 힘이 있어야 합니다. 항상 질서와 조화가 무질서로 이르는 자발성이 발생하는데 이 가운데 모든 우주의 질서가 보존되고 다스려지는 것은 창조사역을 포함하여 하나님이 살아계시고 온 세상을 창조하시고 이를 보존하시고 다스리시는 것에 대한 과학적인 증거로 열역학 제2법칙은 진화론의 허구성을 드러내는 대표적인 과학적 증거이기도 합니다(『과학철학과 종교의 근본』, 김왕기, pp.48-49).

끊임없이 에너지를 공급받아야 하는데 이건 누가 합니까? 하나님만이 에너지를 공급합니다. 이 타락한 세상, 해 아래에서의 수고는 늘 피곤함이 있을 수밖에 없는데 이는 하나님을 떠나 있기 때문입니다. 하나님이 주신 일정한 에너지가 있습니다. 한 개인이 태어날 때 특정한 에너지를 30년, 40년, 50년, 혹은 100년 쓰라고 준 것이 있습니다. 그것을 다 써버리면 고갈돼 버립니다. 고갈되면 어떻게 되느냐? 죽게 됩니다.

그러나 해 위에서는 그 에너지가 끊임없이 우리에게 주어집니다. 이해가 됩니까? 이해가 되기를 바랍니다. 그러므로 해 아래에서의 수고는 언제든지 피곤함이 있는 것입니다. 여러분 피곤하지 않습니까? 피곤해서 아침에 일어나기 힘들지 않습니까? 왜 그렇습니까? 에너지가 없으니까! 그렇죠. 그래서 여러분들이 그 에너지를 믿음으로 이 세상에서 받습니다.

그러므로 믿음 충만, 성령의 충만함을 받아야 힘이 생기게 돼 있습니다. 피곤하다고 하는 사람들은 성령

충만을 받아서 한 번 해보시길 바랍니다. 그러면 새 힘이 납니다. 이 비밀을 모르면 진짜 힘듭니다. 그래서 제가 교회에서 성령 충만 받아서 봉사하라고 말합니다. 그러면 오히려 일하는 것이 힘이 납니다.

● 재물은 날개를 내어 날아간다

오늘 본문 3절에서 솔로몬은 "해 아래에서 수고하는 모든 수고"라고 말합니다. 해 아래에서 수고하는 모든 수고는 사람에게 어떤 유익이 있습니까? 솔로몬은 대답합니다. "해 아래에서 수고하는 모든 수고가 사람에게 무엇이 유익한가?"라고 말합니다. 즉 그 말은 반대로 얘기하면 "아무 유익도 없다"는 말입니다. 그러나 여러분 잘 생각해보시길 바랍니다. 물론 이 세상에서 우리의 현재 상태와 관련해서 우리의 수고를 통해서 우리가 유익을 얻는 것은 사실입니다. 우리는 우리 손의 수고대로 먹습니다.

그러나 세상의 재물은 흔히 물질이라고 부르는 실재하는 것으로 보이지만, 사실은 이 재물 같은 것은 날개를 달아가지고 독수리처럼 날아가 버리는 것입니다(잠 23:5).[8] 영속적인 것이 아닙니다. 언제 날아가 버릴지 모르는 것입니다. 그래서 우리 주님은 뭐라고 말씀하시느냐 하면, "사람의 생명이 그 소유의 넉넉한 데 있지 아니하니라"(눅 12:15)[9] 그렇게 말씀했습니다. 재물이 늘어나면 먹는 사람도 많아지고 또 그 재물을 갖고 있다고 하면 그것 때문에 일어나는 일 때문에 여러 가지로 고통과 괴로움이 오게 되어 있습니다. 여러분이 돈이 좀 적으니까 편하지, 돈이 많아진다면 별별 고통과 염려, 근심들이 가득 차게 되어 있습니다. 작은 일이 일어나도 그들 모두의 낙이나 위안은 쓴 것으로 변해 버립니다.

---

8) (잠 23:5, 개정) 네가 어찌 허무한 것에 주목하겠느냐 정녕히 재물은 스스로 날개를 내어 하늘을 나는 독수리처럼 날아가리라.
9) (눅 12:15, 개정) 그들에게 이르시되 삼가 모든 탐심을 물리치라 사람의 생명이 그 소유의 넉넉한 데 있지 아니하니라 하시고.

● 한화 김승연 회장의 수고

우리나라 재계에서 7~8위권이 되는 분으로 김승연 한화그룹 회장이 있습니다. 이분이 한화 회장으로 재직한지 30년 만에 기자 인터뷰를 했습니다. 그분은 말하기를 30년간 회장으로 일하면서 잃은 것은 청춘이며 얻은 것은 세 아들과 기업의 성장이다 그렇게 말하면서 그는 30년 동안 자나 깨나 기업의 생존만을 생각했다고 말합니다. 자나 깨나 기업의 생존만을 생각하면서 살았다는 것입니다.

이분이 대한생명을 인수했는데, 정치적인 특혜를 받았다고 해서 7년 동안 각종 공격을 받아 고생을 했습니다. 또 비자금 의혹 때문에 수사를 받아서 여러 번 경찰에 출두했을 때 기자들이 물었습니다. "심정이 어떻습니까?"라고 물으니 "내가 팔자가 센 것이 아닙니까"라고 대답했습니다. 그분 자산이 보니 86조 5천 억원입니다. 그런데 그분이 말이죠, 30년 동안 자나 깨나 그 기업의 생존만을 생각하면서 살았습니다. 언제 날개를 달고 날아가 버릴지 모르는 것입니다. 여러분 86조가 한순간 날아가 버릴 수 있습니다. 또 자기 생명이 끝나면 끝나 버리는 것입니다.

그래서 우리에게 세상의 일이 주는 이익이 무엇입니까? 그 모든 수고가 무엇인가를 생각해 볼 때, 그것이 우리 영혼과 내세의 삶과 관련해서는 실로 아무 유익도 없다는 것을 알아야 합니다.

인간이 해 아래에서 수고하여 얻는 모든 것은 우리 영혼의 결핍을 채워주지 못합니다. 우리 영혼이 원하는 것들을 만족시키지 못합니다. 우리 영혼의 죄를 속해주지도 못하고 우리 영혼의 질병을 고쳐주지도 못하고 우리 영혼의 손실을 상쇄시키지도 못합니다. 우리가 죽었을 때 그리고 우리가 하나님의 심판대 앞에 설 때에, 영원한 삶을 얻게 될 때에 해 아래에서 사람이 하는 수고가 우리 영혼에게 무엇이 유익하냐는 말입니다.

● 썩을 양식과 영생하도록 있는 양식

그러나 하늘나라의 일로 우리가 수고하는 열매는 영생하도록 얻는 양식이지만 세상을 위해서 수고하는 것은 썩을 양식뿐인 것입니다. 이게 우리 주님의 말씀입니다. 요한복음 6:27 이하에서 주님은 이렇게 말씀했습니다. "썩을 양식을 위하여 일하지 말고 영생하도록 있는 양식을 위하여 하라 이 양식은 인자가 너희에게 주리니 인자는 아버지 하나님께서 인치신 자니라"

"썩을 양식을 위하여 일하지 말아라" 이 말에 오해가 없어야겠습니다. 우리가 일용할 양식을 얻기 위해서 일하는 것을 금하는 것은 아닙니다. 마땅히 일해서 자기 양식을 모아야 합니다. 그러므로 예수님의 이 말씀은 이 세상의 것을 주된 관심사로 삼지 말라는 뜻인 것이요, 세상에 붙은 욕심을 버리라는 말씀입니다.

이 세상에 속한 것들은 썩을 양식입니다. 이 세상의 재물과 명예와 쾌락은 일종의 양식으로서 허영을 먹이고 배를 채웁니다. 이런 것들은 아무리 먹어도 여전히 배고프게 되어 있습니다. 세상에 속한 것은 아무리 많이 확보하고 있을지라도 그것을 끝까지 지킨다는 보장이 없고 죽을 때는 모두 다 내놓고 돌아가게 됩니다. 그러므로 세상에 속한 것만을 과도하게 얻고자 하는 것들은 어리석은 일이니까 더 나은 목적, 영혼에 속한 양식을 위해서 수고하라 주님은 그렇게 말씀하신 것입니다.

그러니까 사람들이 물었습니다. "우리가 어떻게 하여야 하나님의 일을 하오리이까" 그러니까 우리 주님이 대답을 하시되 "하나님께서 보내신 이를 믿는 것이 하나님의 일이니라" 그렇게 말씀했습니다. 하나님이 보내신 이를 믿는 것이 하나님의 일이라는 말입니다. 예수를 그리스도로 믿는 것이 하나님의 일이라는 말입니다.

여러분 잘 알아야 합니다. 믿음이 우리 영혼을 일깨

워서 하나님을 위해서 살도록 하기 때문에 그렇습니다. 여러분 신앙이 있으면 태만해 집니까? 천만의 말씀! 신앙은 활동적인 것입니다. 신앙은 일하게 되어 있습니다. 제가 보면 신앙이 있다면서도 태만하게 생활하는 사람을 보면 그의 신앙은 가짜 신앙입니다.

여러분 성경은 말합니다. "한 번 죽는 것은 사람에게 정하신 것이요. 그 후에는 심판이 있으리니" 히브리서 9:27에서 그럽니다. 그래서 반드시 우리가 잘 알아야 합니다. 사람들은 그런 것도 모르고 내세에 대해서 관심이 없고 또 어떤 사람들은 그들이 갖고 있는 종교나 철학을 가지고 양심에서 공격해 오는 공격을 엉터리 철학이나 종교를 가지고 받침목으로 그것을 해결하려고 그러는데 부질없는 것들입니다.

● **『잊혀진 질문』**(고 이병철 삼성그룹 회장의 질문)

2012년 초에 『잊혀진 질문』이라는 책을 통해서 고 이병철 삼성 회장이 죽음에 직면하면서 그 영혼이 하나님을 찾고자 해서 그런 과정에 의문되는 부조리나 사회 문제, 교회 문제 그리고 인간의 미래 문제에 대해서 질문한 것들이 공개되었습니다. 그분이 1987년도에 타계하기 전에 고 이병철 회장이 절두산 성당에 있는 박희봉 신부에게 24가지 질문을 적어서 보냈습니다. 그런데 이병철 회장과 그 신부님과의 면담은 이 회장이 갑자기 별세했기에 이뤄지지 못했습니다.

우리는 고 이병철 회장이 죽음을 앞두고 그 현세적 삶보다 더 영혼에 대한 관심을 가졌다는 데 대해서 관심을 가집니다. 고 이병철 회장은 24가지 질문 중에서 몇 가지 영혼과 내세의 삶과 관해서 중요한 질문을 했습니다.

첫 번째, "하나님의 존재를 어떻게 증명할 수 있느냐? 하나님은 왜 자신의 존재를 똑똑히 드러내 보이지 않는가?" 두 번째, "하나님은 우주 만물의 창조주라고 하는데 무엇으로 증명할 수 있느냐?" 세 번째, "생물학자들은 인간도 오랜 진화과정의 산물이라고 하는데 신의 인간창조와 어떻게 다르냐?" 네 번째, "신은 인간을 사랑했다면 왜 고통과 불행과 죽음을 줬느냐?" 다섯 번째, "하나님은 왜 악인을 만들었느냐?" 또 여섯 번째, "예수는 우리의 죄를 대신 속죄하기 위해 죽었다는데 우리의 죄는 무엇이냐? 왜 우리로 하여금 죄를 짓게 내버려 두었느냐?" 일곱 번째, "영혼이란 무엇이냐?" 여덟 번째, "인간이 죽은 후에 영혼은 죽지 않고 천국이나 지옥으로 간다는 걸 어떻게 믿을 수 있느냐?" 아홉 번째, "천주교를 믿지 않고는 천국에 갈 수 없는가? 무종교인 무신론자 기타 타종교인 중에도 착한 사람이 많은데 이들은 죽어서 어디로 가는가?" 이런 질문은 투병 중이던 고 이병철 회장이 구술한 것을 필기하는 사람이 받아 적어서 박희봉 신부에게 보낸 것입니다.

우리는 고 이병철 회장이 그동안 세상에서 많은 수고로 한국 최고의 부와 명예를 얻었지만 그가 얻은 모든 것은 그의 영혼의 결핍을 채워주거나 영혼이 원하는 것들을 만족하게 해주지 못하고, 또 영혼의 죄를 속해주지도 못하며 영혼의 질병을 고쳐주지도 못했다는 것을 적나라하게 볼 수 있습니다.

그러나 유감스럽게도 고 이병철 회장은 그의 영혼이 추구하는 하나님을 뵈옵는 것과 영생을 얻지 못하고 약속 시간 전에 별세하고 말았습니다. 그는 너무 늦게 하나님을 찾은 것입니다. 그는 그의 청년의 때에 그의 창조주 하나님을 기억하고 찾았어야 했습니다. 그는 해 아래에서 수고하는 모든 수고만 하고 해 위에 계신 하나님을 찾지 않았습니다. 그리고 너무 늦게 하나님을 찾았습니다.

2) 솔로몬의 권고: 청년의 때에 너의 창조주를 기억하라

그래서 솔로몬은 우리에게 이렇게 권고합니다. 전도서 12:1~2 "너는 청년의 때에 너의 창조주를 기억하라 곧 곤고한 날이 이르기 전에, 나는 아무 낙이 없다고 할 해들이 가깝기 전에 그리하라"고 말합니다. 이 말씀은 한마디로 청년들에게 어릴 적에 신앙생활을 시작하고 노년이 될 때까지 미루지 말라는 것입니다.

더 쉽게 풀어서 얘기하면 "젊은 너희들은 세상으로부터 헛된 것을 기대하면서 헛된 꿈을 꾸지 말고 이미 세상을 살아본 자들의 말을 믿어라 세상은 영혼에게 만족할 만한 것을 주지 못한다. 그러므로 네가 헛된 것에 의해서 속거나 교란당하지 않기 위해서 너희 창조주를 기억하라 그러면 너는 허망한 피조물로부터 생겨나는 죄악들을 막을 수 있을 것이다"라는 말입니다.

젊은이에게 하는 이 권고가 청년기의 질병들, 정녕 여러분이 가진 질병을 치유하는 치료약입니다. 예컨대

놀고 즐기는 것을 사랑합니다. 감각적인 쾌락을 탐미해갑니다. 소년과 청년이면 누구나 범하기 쉬운 허영에 빠지는 것, 이런 것들을 치료해주는 치료약인 것입니다. 창조주를 만나십시오! 이런 질병들을 치료하기 위해서 "청년의 때에 너의 창조주를 기억하라"고 그렇게 권고하는 것입니다.

3) 예수 그리스도 안에서 계시된 삼위일체 창조주 하나님

● **여기서 창조주 하나님은 성부 · 성자 · 성령 삼위일체 하나님**(창 1:26)

하나님을 우리의 창조주로 기억하는 것이 우리의 본분입니다. 우리가 우리 자신을 만든 것이 아니라 하나님이 우리를 만드셨기 때문에 하나님은 우리의 합법적인 소유자인 이것을 기억해야 됩니다. 창세기 1:26에 보면 하나님이 이렇게 우리를 만드셨습니다. "하나님이 이르시되 우리의 형상을 따라 우리의 모양대로 우리가 사람을 만들고"라고 말합니다. 우리의 형상을 따라 우리의 모양대로 우리가 사람을 만들자 이렇게 하나님 자신을 복수로 얘기합니다.

여기서 "우리"가 누굽니까. "우리"는 성부 성자 성령 삼위일체 하나님을 가리킨다는 것을 우리가 알고 있습니다. 성부 하나님은 성자 예수 그리스도로 말미암아, 다시 말하면 성자 예수 그리스도를 중보자로 해서 세상을 창조한 것입니다. 여러분 천지가 어떻게 창조됐습니까? 하나님의 말씀으로 창조됐습니다. 말씀은 곧 하나님이라고(요 1:1-3)[10] 말합니다. 그런데 그 말씀이 육신이 되어 우리 가운데 거하십니다(요 1:14).[11] 그가 누구십니까? 나사렛 예수입니다. 그러므로 성부도 창조주 하

---

10) (요 1:1-3, 개정) 태초에 말씀이 계시니라 이 말씀이 하나님과 함께 계셨으니 이 말씀은 곧 하나님이시니라 그가 태초에 하나님과 함께 계셨고 만물이 그로 말미암아 지은 바 되었으니 지은 것이 하나도 그가 없이는 된 것이 없느니라.
11) (요 1:14, 개정) 말씀이 육신이 되어 우리 가운데 거하시매 우리가 그의 영광을 보니 아버지의 독생자의 영광이요 은혜와 진리가 충만하더라.

나님입니다. 성자 예수님도 창조주 하나님입니다. 우리는 성부 성자 성령 삼위일체 하나님을 믿는 것입니다. 이것이 기독교 창조주 하나님입니다.

● 성부 하나님의 계시자 예수 그리스도

그런데 하나님은 영이시기 때문에 인간들에게 하나님을 뵈옵고 믿도록 해주기 위해서 성부 하나님의 계시자로 하나님은 그의 아들을 이 세상에 인간으로 보내셨습니다. 그 인간 이름이 예수입니다. 그리고 성부 하나님의 계시자의 직함을 그리스도라고 합니다. 예수님은 하나님의 아들 그리스도로 불리고 있습니다.

이제 하나님이 자신의 계시자로 이 세상에 그의 아들 그리스도를 인간 예수로 보내셨으니 누구든지 하나님을 기억하고 하나님을 뵈옵고자 하는 자는 예수님을 성부 하나님의 계시자, 하나님의 아들 그리스도로 믿어야 합니다. 그래서 예수님을 하나님의 아들 그리스도로 아는 것이 하나님을 아는 것입니다(요 8:19).[12] 예수님을 그리스도로 믿는 것이 하나님을 믿는 것입니다(요 14:9).[13] 예수님을 하나님의 아들 그리스도로 영접하는 것이 하나님을 영접하는 것입니다(막 9:37).[14] 또 하나님의 아들 예수님을 공경하는 것이 하나님을 공경하는 것입니다(요 5:23).[15]

---

12) (요 8:19, 개정) 이에 그들이 묻되 네 아버지가 어디 있느냐 예수께서 대답하시되 너희는 나를 알지 못하고 내 아버지도 알지 못하는도다 나를 알았더라면 내 아버지도 알았으리라.
13) (요 14:9, 개정) 예수께서 이르시되 빌립아 내가 이렇게 오래 너희와 함께 있으되 네가 나를 알지 못하느냐 나를 본 자는 아버지를 보았거늘 어찌하여 아버지를 보이라 하느냐.
14) (막 9:37, 개정) 누구든지 내 이름으로 이런 어린 아이 하나를 영접하면 곧 나를 영접함이요 누구든지 나를 영접하면 나를 영접함이 아니요 나를 보내신 이를 영접함이니라.
15) (요 5:23, 개정) 이는 모든 사람으로 아버지를 공경하는 것 같이 아들을 공경하게 하려 하심이라 아들을 공경하지 아니하는 자는 그를 보내신 아버지도 공경하지 아니하느니라.

5. 청년의 때에 예수를 만나고 자신을 제물로 드려라

● 예수는 그리스도 하나님의 아들

이제 말씀을 정리하면서 종결하고자 합니다. 예수님은 그리스도시요 살아계신 하나님의 아들입니다. 예수님은 그리스도라는 증거로 죽은 자 가운데서 부활하셨습니다. 죽은 자 가운데서 다시 살아나신 예수님을 하나님의 아들 그리스도로 여러분들은 참되게 믿어야 할 것입니다. 그러면 하나님을 믿는 것이며 하나님을 아는 것이며 하나님을 영접하는 것이 됩니다. 곧 오늘 본문에서 말하는 하나님을 창조주로 기억하는 길입니다. 예수님이 창조의 중보자 되신 창조주임을 여러분들이 믿어야 할 것입니다. 예수님은 하나님과 일체이신 분이기 때문에 그렇습니다.

이렇게 예수님을 하나님의 아들 그리스도로 참되게

알고 믿게 될 때에 여러분들은 하나님을 만나게 되고 창조주를 기억하게 되고 인생의 모든 허무에서 해방됩니다. 그리고 진정한 만족과 자유와 행복을 누리며 살게 됩니다.

● JYP 엔터테인먼트 대표의 인생허무 이야기

끝으로 해 아래서 모든 수고가 참된 만족을 가져다주지 못해서 이것저것 해가면서 참된 만족과 자유를 추구하고자 하는 유명인사의 인생 스토리를 하나 들으면서 우리가 찾아야 할 길이 청년의 때에 창조주 하나님을 기억하는 것이고, 그 길이 바로 우리 주 그리스도를 만나는 길인 것을 증거 하면서 마치고자 합니다.

JYP 엔터테인먼트 대표 박진영 씨라는 사람이 있습니다. 혹시 젊은이들은 들어봤습니까? 알겠죠. 저는 잘 모릅니다만 이 JYP 엔터테인먼트 대표 박진영씨가 아주 유명한 사람인가 봅니다. 그가 2012년 5월 중순경 심야 TV에서 자신이 찾는 자유를 이렇게 고백을 했습니다. "자기 목표는 자유를 추구하는 것이다." 그래서 흡족하게 놀고 자유를 추구하니까 음악을 좋아해서 대학 가요제에 나가서 데뷔해 인기를 끌었습니다. 그래서 앨범을 한 번 냈는데 이게 잘 나갔습니다.

그런데 그 회사가 부도나 버렸습니다. 그런 가운데에 어떤 사람이 그에게 왔을 때 "지금 내가 추구하는 목표는 자유다"라고 말하니 그 사람이 이렇게 이야기를 했습니다. "당신이 진짜 자유를 추구하려면 돈을 좀 20억 정도 벌어야 자유하지, 돈이 없으면 자유를 못 얻는다. 그러려면 돈을 좀 벌면 자유하겠고, 행복할 것이다." 그 말이 맞겠다는 생각을 하고 그가 회사를 차려서 열심히 일을 해서 20억을 벌었습니다.

그러니까 돈에 얽매이지 않고 남은 인생을 살 수 있는 자유를 얻었기 때문에 이제 진짜 자유할 것이라고 생각 했는데 한 20억을 벌고 보니까 그 자유의 33% 밖에 해결이 안됐습니다. "아하 이게 돈만 있다고 해결 되는 것이 아니구나!" 그래서 자기 목표를 바꿨습니다. 명예를 한 번 얻어야겠다. 그래서 자기가 차린 회사를 힘을 다해서 키워 JYP 엔터테인먼트 대표로서 크게 성공을 했습니다. 명예를 얻었습니다. 이제는 자유할 줄 알았더니 자기 자유를 향한 66% 밖에 못 얻었습니다. 갈등을 하면서 나는 명예를 얻으면 자유할 줄 알았는데 그것도 아니구나!

그래서 자기가 생각을 바꿔 "다른 사람을 도와주면 자유가 오겠다." 그렇게 생각을 하고 봉사를 통해서 인생의 행복과 기쁨을 누리고자 열심히 다른 사람을 사랑하고 헌신하고 했습니다. 그래서 JYP에 들어간 사람들은 성공한 사람들이 많습니다. 그렇게 하다가 보니 상당히 자유를 얻었습니다. 그런데 99%까지 채워지는데 1%가 안 채워지는 겁니다. 그 사람의 말입니다.

어려운 사람을 돕는 자선으로는 풀리지 않는 한 궁금증이 있는데, 진정한 자유를 얻는 길에 99%는 얻었는데 나머지 1%가 안 채워는 것이었습니다. 그 1%의 궁금증이 채워지지 않으면 끊임없이 쓸쓸하고 혼란스러움을 느끼게 됩니다. "이건 아닌데!" 그래서 그는 지금도 진정한 자유를 찾기 위해서, 다시 말해서 1%의 궁금증을 풀어줄 뭔가가 있는 것 같은데 그것이 뭔가? 그래서 막 찾는다는 것입니다. 그래서 제가 JYP 엔터테인먼트 박진영씨 얘기를 듣고는 JYP 엔터테인먼트에 『하나님 만나는 길』이라는 책을 보냈습니다. 혹시 그 사람이 읽고 깨달아서 진짜 주님을 만나면 복음 속에서 그가 찾고자하는 완전한 자유가 있음을 발견하리라 믿습니다.

● **청년의 때에 하나님을 기억하라**

그러니까 인간은 별별 방법으로 노력을 해도 예수를 하나님의 아들 그리스도로 딱 믿음으로 하나님을 만나게 되지 않고는 어떤 일을 해도 만족이 없고 참 자유가 없고 언제든지 끊임없이 목말라 하는 것입니다. 솔로몬은 "청년의 때에 너희 창조주를 기억하라" 그렇게 권고했습니다. 솔로몬이 기억하라고 권고한 창조주 하나님이 신약시대에 인간이 되어서 우리에게 찾아오셨습니다. 그 이름이 나사렛 예수입니다.

그래서 예수님은 말씀하셨습니다. "나와 아버지는 하나이니라"(요 10:30) 그랬습니다. "나를 본 자는 아버지를 보았거늘"(요 14:9) 그렇게 말씀했습니다. "내가 아버지 안에 거하고 아버지께서 내 안에 계심을 믿으라"(요 14:11) 그렇게 말씀했습니다. 그러므로 "누구든지 나를 영접하면 나를 영접함이 아니요 나를 보내신 이를 영접함이니라"(막 9:37)라고 말씀하셨습니다.

● **청년의 때 그리스도께 제물로 바치라**(반드시 성공한다)

여러분이 예수님을 하나님의 아들 그리스도로 믿고 그 말씀을 따를 때 하나님을 만나서 진정한 자유와 만족을 얻고 살게 될 것입니다. 여러분! 그리스도 안에 모든 것이 다 있습니다. 그리스도를 우리의 구주로 마음 중심에 모실 때 우리는 진정한 부도, 진정한 명예도, 진정한 쾌락도 진정한 만족도 진정한 자유도 얻습니다. 저는 이것을 맛보며 삽니다. 여러분 인생에 이 구원의 빛이 임하기를 바랍니다. 이 말씀의 빛이 임하기를 기원합니다. 다시 말하면 제가 선포하는 이 말씀이 참되게 여러분에게 깨달아지기를 기원합니다.

여러분이 이 진리의 말씀을 깨달았다고 그러면 인생의 청년의 때에 하나님과 그리스도께 제물로 바친 자가 되기를 바랍니다. 이렇게 젊은 날에 하나님과 그리스도께 바친바 된 자들은 반드시 성공합니다. 그리스도의 수중에 여러분의 미래가 들어있기 때문에 그렇습니다. 어떤 직장, 어떤 회사, 어떤 사업에서도 성공합니다. 이 말씀이 믿어져서 여러분이 그리스도께 헌신함으로 여러분의 일생을 참된 자유자로, 참된 행복자로, 참된 전도자로 살아가기를 주의 이름으로 축원합니다.

우리 한 번 기도하겠습니다. 복음을 받은 사람은 주께 제물로 헌신하십시오. 그리고 아직 아리송한 사람은 오늘 말씀이 마음 중심에 새겨지도록 주 앞에 기도하시기 바랍니다. 그리고 계속 기도하면 심어질 것입니다. 기도는 잉태하는 것입니다. 하나님의 말씀을 여러분이 가지고 기도하면 심어지게 되어 있습니다. 기도하겠습니다.

살아계신 아버지 하나님! 하나님 은혜를 감사합니다. 오늘 솔로몬의 인생론을 통해서 이 세상 해 아래 있는 모든 것의 허무성을 우리가 발견했습니다. 솔로몬은 그 이전과 그 이후에 그 어느 누구도 맛보지 못했던 최고의 부와 향락과 명예와 모든 것을 누렸던 사람이었습니다. 그는 정말 그런 것들에 관해서는 누구에게도 자신 있게 말할 수 있는 사람이었으나, 그것을 얻고 난 이후에 그는 허무에 빠져가고 가치 없다고 헛되고, 헛되고, 헛되니 모든 것이 헛되다고 했습니다. 이 해 아래 있는 것들을 가지고 우리 영혼을 만족하게할 수가 없습니다. 이 해 아래 있는 것들이 우리 영혼을 치료해주지 못합니다. 우리 영혼에 붙어있는 죄를 해결하지 못하고 치료하지 못하고 없애주지 못합니다. 우리 영혼이 어느 날 하나님 앞에 설 것입니다. 우리 영혼에 붙어있는 죄악을 가지고 하나님 앞에 설 때에 죄를 예수의 피를 통해서 깨끗이 씻지 않으면 우리는 영원한 지옥에 떨어질 것입니다.

청년의 때에 너희 창조주를 기억하라 늙기 전에 창조주 하나님을 만나라 그 창조주 하나님이 성부 성자 성령 삼위일체 하나님이다. 삼위일체 하나님이 자기를 계시하기 위해서 그의 아들을 보내셨으니 그 아들의 이름이 나사렛 예수다. 예수가 곧 아들 하나님이니라. 예수를 만난 자가 하나님을 만나고 창조주를 기억하는 자니라.

오늘 이 귀한 믿음을 사랑하는 성도들이 마음 중심에 말씀으로 새기기를 기도합니다. 이 말씀을 받은 성도들은 그의 인생을 우리 하나님께 제물로 내놓아서 하나님께 바친 자들이 되어서 이제 그들의 일생이 주님의 수중에 있음으로 인하여서 어떤 직장, 어떤 역경, 어떤 곳에 간다 할지라도 저들은 승리할 것이고 성공할 것이고 하나님의 뜻대로 완벽하게 성공할 것입니다. 주님이여! 오늘도 이 말씀이 들을 귀가 있도록 저들의 귀를 깨우쳐서 마음 중심에 받게 하시고 심어지게 하시고 잉태되게 하여 주시옵소서! 예수 그리스도 이름으로 기도하옵나이다. 아멘.

청년의 때에 예수를 만나라

"헛되고 헛되며 헛되고 헛되니 모든 것이 헛되도다…
너는 청년의 때에 너의 창조주를 기억하라"(전 1:2; 12:1)

저자 소개　　　**임 덕 규**

　　　　　　　　육군사관학교 졸업
　　　　　　　　서울대학교 법대 및 동대학원 졸업(법학박사)
　　　　　　　　대한신학교 졸업
　　　　　　　　아세아연합신학대학원 졸업(M.A., M.Div.)
　　　　　　　　육군사관학교 법학과 교수 역임
　　　　　　　　대한예수교장로회(대신) 충성교회 담임목사

저서 소개

복음과 성령충만 I, II

임덕규 지음/ 신국판

복음의 증인으로 살 수 있게 하는 탁월한 훈련 교재.

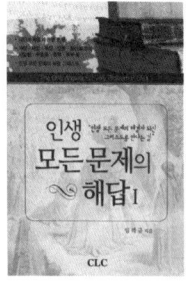

인생 모든 문제의 해답 I, II, III

임덕규 지음/ 신국판

인생 모든 문제의 해결자 되신 그리스도를 만나는 길.

신구약을 관통하는 그리스도

임덕규 지음/ 신국판/ 352면

신구약성경을 관통하는 그리스도 안에 모든 것이 다 있다!

신구약을 관통하는 그리스도 완결편

임덕규 지음/ 신국판/ 472면

조직신학을 복음의 권능으로 바꾸는 책.

하나님을 만나는 길

임덕규·박철동 지음/ 신국판/ 376면

그리스도의 피의 희생제사를 통해 인간이 하나님께 나아갈 수 있다는 진리를 전해준다.

복음이란 무엇인가 시리즈

복음이란 무엇인가? 1
예수, 그는 누구신가?
임덕규 지음/ 46판/ 72면/ 3,000원

평신도 전도용으로 쉽게 예수님이 누구신지에 대해서 저술하고 있다. 예수 그리스도는 구원의 주로서 그리스도시요, 살아계신 하나님의 아들이다. 전도하기 위한 태신자가 있다면 본서를 통해 예수 그리스도를 소개하면 좋을 것이다.

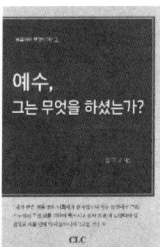

복음이란 무엇인가? 2
예수, 그는 무엇을 하셨는가?
임덕규 지음/ 46판/ 120면/ 5,000원

그리스도의 죽음과 부활은 구약성경에 이미 수천 년 전에 예언되어 있었고, 그 예언대로 예수님이 이 세상에 오셔서 성취하셨다. 본서에 기록된 이 복음진리를 참되게 상고한 자는 이 진리를 확신하고 구원을 얻을 것이며, 이 진리에 인생을 걸 것이다.

복음이란 무엇인가? 3
예수는 그리스도
임덕규 지음/ 46판/ 88면/ 5,000원

신·구약 성경의 주제는 한마디로 '예수 그리스도'이다. 예수는 '하나님의 아들 그리스도'이시며 또한 제사장, 선지자, 왕의 세 가지 직함을 이루신 그리스도임을 마가복음을 통하여 증거하고 있다.

복음이란 무엇인가? 4
세상의 빛 그리스도
임덕규 지음/ 46판/ 88면/ 5,000원

복음의 빛을 받는다는 의미를 참되게 알고 깨달아, 마음에 그리스도의 빛을 받아 자신도 세상의 빛이 되어 어둔 세상에 그리스도의 은혜를 비추어 증거 하는 증인, 곧 세상의 지도자로 살도록 하기 위해 본서는 쓰여졌다.

청년의 때에 예수를 만나라
Find Now Your Creator in The Days of Your Youth

2013년 4월 30일 초판 발행

지은이 | 임 덕 규

펴낸곳 | 사) 기독교문서선교회
등록 | 제16-25호(1980. 1. 18)
주소 | 서울시 서초구 방배로 68
전화 | 02) 586-8761~3(본사) 031) 942-8761(영업부)
팩스 | 02) 523-0131(본사) 031) 942-8763(영업부)
홈페이지 | www.clcbook.com
이메일 | clckor@gmail.com
온라인 | 기업은행 073-000308-04-020, 국민은행 043-01-0379-646
　　　　　예금주: 사)기독교문서선교회

ISBN 978-89-341-1289-1(03230)

* 낙장·파본은 교환해 드립니다.